Sin Deshonra

Libros de Hendrickson por Melissa Heiland

A Mother's Comfort
La Esperanza de Una Madre

A Mother's Journey
El Viaje de Una Madre

You Are Wonderful
Eres Mareavilloso

Get Set

No Shame
Sin Deshonra

Sin Deshonra

Un Devocional para Sobrevivientes
del Abuso Sexual

HENDRICKSON PUBLISHERS

una impresión de Hendrickson Publishing Group

Para obtener más información, comuníquese con:

Melissa Heiland
www.beautifulfeetinternational.com

Impreso en los Estados Unidos de América

Primera impresión — Enero 2023

Este libro está dedicado a ustedes, los sobrevivientes.
Eres visto. Eres escuchado. Eres amado.

Introducción

Estimados lectores,

Resulta chocante y desgarrador saber que, según la Red Nacional de Violación, Abuso e Incesto (RAINN), un estadounidense sufre una agresión sexual cada 68 segundos.[1] Aún más alarmante es que esta estadística sería aún más grave fuera de los Estados Unidos, teniendo en cuenta que el tema es mucho más tabú en otros países. Es probable que tengas este libro en tus manos por una de estas dos razones: eres un sobreviviente de una agresión sexual o quieres ayudar a un sobreviviente. Este libro es, sin duda, una herramienta inestimable en cualquiera de los dos casos.

El trauma sexual tiene el potencial de fragmentar la experiencia fenomenológica de un individuo.[2] Es decir, las "funciones normalmente integradas" del cuerpo y la mente de una persona se compartimentan y separan.[3] El sobreviviente experimenta disociación y confusión en lo más profundo de su ser. Como cristianos, creemos que no sólo existe el lado físico de una persona, sino también un lado espiritual, y ambos están relacionados entre sí en gran medida. Si te olvidas de almorzar, puedes empezar a actuar de maneras que sabes que

---

1. "About Sexual Assault," Rainn, https://www.rainn.org/about-sexual-assault.

2. Judith Lewis Herman, *Trauma and Recovery: from Domestic Abuse to Political Terror* (Boston: Basic Books, 2015).

3. Herman, *Trauma and Recovery*, 34.

son espiritualmente insanas, como perder rápidamente los nervios o tomar una decisión impulsiva de la que luego te arrepientes. Las ramificaciones del trauma sexual, por tanto, pueden ciertamente extenderse al lado espiritual de la vida. Y, de hecho, el objetivo de todo el camino hacia la curación de cualquier trauma -incluido el sexual- es la recuperación y la reintegración del yo.[4]

Este camino para un cristiano, cuando está preparado, incluye la contemplación y el compromiso con el ser espiritual. Como Melissa Heiland reflexiona gentilmente a lo largo de este devocional, nuestra comprensión de Dios y de la postura de Dios hacia nosotros puede ser muy confusa o incluso dolorosa a la luz de una agresión sexual. Como terapeuta de salud mental, puedo decir con todo el corazón que Melissa es una guía compasiva y con ritmo al considerar las Escrituras, con sus implicaciones y aplicaciones, para el sobreviviente de un abuso sexual en pequeñas y sucintas dosis. Esta es una lectura a la que creo que es excelente recurrir no una, sino muchas veces. El sobreviviente recupera y reintegra su yo interno en la presencia, la promesa y la protección de un Dios que, al caminar desde el nacimiento hasta la ejecución pública, conoce demasiado bien el camino del trauma y la redención y resurrección posibles tras él.

Este devocional no sustituye al asesoramiento y mi recomendación de este libro no reemplaza la búsqueda de ayuda de un profesional de la salud mental. Los traumas de cualquier tipo, especialmente los de naturaleza sexual, suelen requerir un tratamiento complejo. Esto incluye la ayuda de

---

4. Heather Davediuk Gingrich and Fred C. Gingrich, *Treating Trauma in Christian Counseling* (Westmont: InterVarsity Press, 2017).

un profesional de la salud mental porque el trauma tiene un efecto complejo en múltiples frentes de una persona. Este devocional debe ser visto como una excelente herramienta complementaria en un enfoque terapéutico sólido para ayudar al viaje de curación de los sobrevivientes.

En las notas a pie de página, verás sólo el comienzo de algunos recursos para obtener más información sobre dicha odisea.

Que Dios te conceda la fuerza y la paz necesarias en cada paso adelante.

Lisa Clay\
MACO\
MANT\
Seminario Teológico Gordon-Conwell

Agradecimientos

En primer lugar, quiero agradecer a los valientes sobrevivientes que me contaron sus experiencias, sus sentimientos, sus heridas, su curación. Eres valiente, fuerte y amable.

Mi más sincero agradecimiento a Paul Hendrickson de Hendrickson Grupo Editorial. Paul, tu humildad y gracia me siguen bendiciendo. Gracias por responder al llamado de Dios en su vida y por su continua paciencia y amabilidad conmigo.

Gracias Lissi, por traducir con amor, ternura y sensibilidad al Espíritu Santo.

Gracias a quien editó este trabajo. Gracias a Arlete Oliveira por revisar y editar la traducción española. Confío en el Señor líder durante el trabajo.

Quiero agradecer a quienes trabajan con sobrevivientes para traer esperanza y sanación. Eres una bendición.

Estoy profundamente agradecida con cada uno de mis hijos: Michael, Josh, Melissa, Jack, Andy y Nick. Eres mi inspiración y mi alegría.

Agradezco también a mis nietos: Graciana, Mateo, Gabriel, Kara, Courtney, Anna, Carla, Madilyn, Jacob y Elí. Llenas la vida de este GiGi con amor y risas. Que Dios protegerte siempre.

Mi más sincero agradecimiento a mi esposo, Ken, quien siempre me alienta a seguir escribiendo cuando mi corazón está lleno de dudas. Gracias por creer en el llamado de Dios a mi vida y por los sacrificios que haces cuando me permites atender su llamado.

Mi más profunda gratitud es siempre para mi Señor y Salvador, Jesús Cristo. Él me salvó y continúa sosteniéndome y curándome mientras confío en él, incluso en los momentos más oscuros.

Querido amigo y amiga,

Los sobrevivientes del abuso escuchan muchos mensajes que condenan, confunden y hieren. Estos mensajes se basan en mentiras. La verdad se encuentra en la Palabra de Dios. He pasado dos años pidiéndole al Señor que me muestre Escrituras para compartir contigo, que te traigan consuelo y paz. He escrito esto para ti, por indicación del Espíritu Santo, para que conozcas la verdad y la verdad te haga libre.

Con amor,
Melissa

DÍA 1

Cantando Sobre Ti

Sofonías 3:17

El Señor tu Dios está en medio de ti
como guerrero victorioso.
Se deleitará en ti con gozo,
te renovará con su amor,
se alegrará por ti con cantos.

Este versículo está lleno de grandes verdades. Vemos que Dios está con nosotros y que es un poderoso guerrero que salva. No sólo nos salva, sino que se deleita en ti. Tómate un momento y piensa realmente en esto. Dios se deleita en ti. Te ama y se regocija contigo cantando. El Dios que creó el mundo entero, se deleita en ti y canta por ti. Tal vez no tengas ningún recuerdo de una persona que te haya cantado. Entonces, cierra los ojos ahora e imagina que Dios está cantando sobre ti. ¿Qué te diría? ¿Sería un canto de aliento? ¿Esperanza?

Querido Dios, gracias por amarme y salvarme. No siempre me he sentido seguro, y estoy agradecido de saber que eres un poderoso guerrero que me cuida y se deleita en mí. Por favor, ayúdame a encontrar la paz en tu seguridad. Amén.

¿Cómo te hace sentir pensar en un Dios que te
ama y se alegra por ti? Escribe tus pensamientos.

DÍA 2

Cerca de los Quebrantados de Corazón

Salmo 34:15-19

*Los ojos del S*ᴇɴᴏʀ *están sobre los justos,*
   y sus oídos, atentos a sus oraciones;
*el rostro del S*ᴇɴᴏʀ *está contra los que hacen el*
   mal,
      para borrar de la tierra su memoria.
*Los justos claman, y el S*ᴇɴᴏʀ *los oye;*
   los libra de todas sus angustias.
*El S*ᴇɴᴏʀ *está cerca de los quebrantados de*
      corazón,
   y salva a los de espíritu abatido.
Muchas son las angustias del justo,
   *pero el S*ᴇɴᴏʀ *lo librará de todas ellas.*

Este pasaje me trajo un gran consuelo en una época oscura de mi vida. Encontré consuelo en el hecho de que Dios me veía y escuchaba mi clamor. Él prometió librarme de lo que estaba pasando. También encontré consuelo en saber que el Señor es justo, y que los que hacen el mal no quedarán sin castigo. El Señor librará a los justos de todas sus angustias.

Querido Dios, gracias por verme y escucharme. Gracias por prometerme librarme de todo lo que estoy pasando. Ayúdame a confiar en tus promesas. Amén.

*¿Cómo te sientes al saber que Dios te ve y
te escucha? Sabiendo que Dios está cerca de
ti, escuchándote, ¿qué quieres decirle?*

DÍA 3
Una Torre Fuerte

Proverbios 18:10

El nombre del Señor es como una torre fortificada;
a donde corre el justo para salvarse.(PDT)

Hoy leemos que Dios es una fortaleza, un lugar de seguridad y protección. Si usted es como yo, a menudo puede sentirse asustado y expuesto, sin saber en quién puede confiar. Cuando tenemos miedo, queremos correr y escondernos. Dios lo sabe y nos dice que corramos hacia él. Él conoce todos los miedos y proporciona una torre fortificada en su nombre. Él siempre tiene nuestro mejor interés en el corazón. Puede ser difícil confiar después de que la gente nos ha traicionado, pero Dios no nos hará daño. Corre a Dios hoy y encuentra un lugar de seguridad y descanso.

Querido Dios, te agradezco que pueda correr hacia ti por seguridad. Por favor, ayúdame a recordar que ofreces sanación cuando venimos a ti. Amén.

¿Puedes pensar en un lugar o una persona
que te haga sentir seguro? ¿Qué hay de
ellos que te hace sentir seguro? ¿Cómo
puede Dios proporcionarte seguridad?

DÍA 4

La Verdad os Hará Libres

Juan 8:32

Y conocerán la verdad, y la verdad los hará libres.

Muchas veces, cuando alguien abusa de nosotros, nuestra mente confunde lo que es verdad acerca de nosotros mismos. Puede hacernos creer que merecíamos lo que nos pasó, que estamos contaminados y sin valor. El abuso tiene sus raíces en el engaño y la mentira. Aunque podamos reconocer las mentiras, todavía nos afectan profundamente. Dios nos dice que conoceremos la verdad y la verdad nos hará libres. La verdad es que el amor de Dios es más poderoso que cualquier cosa que nos pueda pasar. No importa lo que hayamos hecho y no importa lo que nos hayan hecho, la sangre de Cristo lo cubre todo. No estás definido por lo que te pasó. Eres una persona amada y valorada por Dios.

Dios, oro para que me muestres la verdad. Ayúdame a verme como tú me ves, una persona profundamente amada y querida por ti. Amén.

¿Qué mentiras te has encontrado creyendo? ¿Cuál es la verdad?

DÍA 5

Familiarizado con el Dolor

Isaías 53:3

*Fue despreciado y rechazado por la humanidad,
un hombre de sufrimiento y familiarizado con el
dolor.
Como uno de quien la gente esconde el rostro,
fue despreciado y lo teníamos en baja estima.
(NTV)*

A menudo hay una tristeza aparentemente inquebrantable que viene después del trauma. Esta tristeza persistente a menudo me ha hecho sentir definida por mi sufrimiento. Este versículo me trae un gran consuelo porque recuerdo que Jesús fue llamado "un hombre de sufrimiento". Durante el tiempo de Jesús en la tierra, sufrió la traición de muchos que estaban cerca de él. Fue rechazado, burlado y finalmente clavado en la cruz, condenado a muerte por crímenes que no cometió. Era inocente, pero aun así odiado y despreciado. Conoce el dolor de la traición. Él entiende nuestro sufrimiento y dolor. Jesús eligió sufrir por nosotros porque valoraba nuestra salvación eterna más que su vida. Él no tenía que sufrir, pero lo hizo para que pudiéramos ser libres del castigo por el pecado. Su muerte en la cruz pagó el precio por nosotros para que pudiéramos tener una relación con Dios.

Querido Jesús, gracias por sufrir por mí. Gracias por morir para que pudiera ser perdonado. Déjame recordar tu sacrificio cuando empiece a sentirme definido por mi sufrimiento. Amén.

¿Alguna vez te has sentido definido por tu sufrimiento? Escribe algunas palabras que asocies con tu identidad. ¿Coinciden con lo que quieres que sea tu identidad?

DÍA 6

Sin Deshonra

Isaías 61:7

En vez de su vergüenza,
mi pueblo recibirá doble porción;
en vez de deshonra,
se regocijará en su herencia;
y así en su tierra recibirá doble herencia,
y su alegría será eterna.

Los sentimientos de vergüenza me han inundado, en mi mente me han definido, durante años, sentimientos que no puedo describir y que me han perseguido. Estos sentimientos no vienen de Dios. Mi oración para ti es que liberes estos sentimientos de vergüenza a Dios. Se basan en la mentira de que eres responsable de lo que te ha pasado. Tú no es responsable. No es tu culpa. Dios promete que tomará tu vergüenza y la reemplazará con alegría eterna. ¿Recibirás este regalo hoy?

Gracias, Padre, por quitarme la vergüenza. Gracias por darme el gozo eterno. Ayúdame a vivir en este gozo. Amén.

¿Cuál de las promesas de Dios
necesitas recordar más?

DÍA 7

Jardín Bien Regado

Isaías 58:11

*El Señor los guiará continuamente;
les dará agua cuando tengan sed
y restaurará sus fuerzas.
Serán como un huerto bien regado,
como un manantial que nunca se seca.
(NTV)*

¿Alguna vez te has sentido como si estuvieras perdido en un desierto, débil y sediento? Dios sabe y te ve. Él te guiará y satisfará tus necesidades. Él te dará fuerza. El abuso agota nuestra fuerza, dejándonos sintiéndonos débiles, perdidos y solos. Dios nos dice que nos levantará y nos dará todo lo que necesitamos. Aunque nuestra vida parezca un desierto, se convertirá en un jardín bien regado, brillante con rosas, lirios, girasoles y margaritas. Las flores florecerán porque las aguas nunca faltarán. Podemos fallar, pero nuestro Señor nunca lo hace.

Gracias, Señor, por guiarme y fortalecerme. Gracias porque nunca fallas. Ayúdame a descansar en tu promesa de un jardín bien regado después del desierto abrasado por el sol. Amén.

Imagina tu vida como un jardín bien regado. Haz un dibujo de cómo será tu nueva vida en Jesús.

DÍA 8

Vida Eterna

Juan 3:16

*Porque tanto amó Dios al mundo que dio a su
Hijo unigénito, para que todo el que cree en él
no se pierda, sino que tenga vida eterna.*

Dios nos ama y lo ha hecho desde el principio. La Biblia nos enseña que todos estamos separados de Dios porque él es perfecto y nosotros no. Dios sabía que elegiríamos algo que no sea él, lo que conduciría a la separación y luego a la destrucción. Pero como Dios nos ama, no quiere esa separación. Él preparó un camino para que seamos perdonados de nuestros pecados y vivamos con él para siempre, tanto mientras estemos aquí en la tierra como después de que muramos. Dios envió a su Hijo, Jesús, a morir en la cruz, tomando el castigo por nuestros pecados. Jesús era perfecto, por lo que nuestros pecados fueron perfectamente lavados a través de su sacrificio. No merecía morir, pero eligió morir para que pudiéramos vivir. Al tercer día después de su muerte, resucitó de entre los muertos y ascendió al cielo. Cuando confiamos y creemos que Jesús murió por nosotros y resucitó, seremos salvos.

Querido Dios, sé que he cometido cosas malas y necesito perdón. Creo que Jesús murió en la cruz por mí y resucitó. Confío en Jesús para salvarme. Amén.

¿Has confiado en Jesús como tu
Salvador? ¿Confiarías en él hoy?
Escribe tu propia oración a Dios.

DÍA 9

Vida Completa

Juan 10:10

*El ladrón no viene más que a robar, matar
y destruir; yo he venido para que tengan
vida, y la tengan en abundancia.*

Los abusadores son como ladrones. A menudo, son personas cercanas a nosotros, lo que hace que el dolor sea aún mayor. Pero todos los abusadores, como los ladrones, nos roban algo. Puede ser tu seguridad, tu paz, tu confianza o incluso un período de tiempo en tu vida que te perteneció. No tienen en mente tu bienestar. Pero Juan 10:10 nos dice que Jesús vino para que tuviéramos vida. Nuestras vidas no tienen que estar centradas en la destrucción que causaron nuestros abusadores. Dios ha abierto un camino para que tengamos vidas abundantes y llenas de gozo. Independientemente de lo que hayamos experimentado en el pasado, somos mucho más de lo que nos robó un ladrón. Dios nos ha dado una nueva vida, una vida mejor, y una que es mucho más grande de lo que podemos imaginar.

Querido Dios, gracias por tus buenos dones. Sé que en ti tengo una vida nueva. Ayúdame a vivir mi vida al máximo. En el nombre de Jesús, amén.

¿Cómo es para ti una vida llena de alegría?
¿Cuáles son algunas cosas que puedes hacer
que te ayudarán a experimentar gozo?

DÍA 10

Lágrimas en un Frasco

Salmo 56:8

*Tú llevas la cuenta de todas mis angustias
y has juntado todas mis lágrimas en tu frasco;
has registrado cada una de ellas en tu libro.
(NTV)*

Dios ve tu dolor. Este verso dice que Dios recoge nuestras lágrimas en un frasco. Desde que era una niña, he amado este verso. Mi vida, como la tuya, ha estado llena de dolor. Siempre me imagino que el frasco de Dios para mí es enorme. La idea de un Padre amoroso en el cielo que recoge todas mis lágrimas es abrumadora. Cada lágrima que hemos llorado en silencio o que hemos gritado en voz alta la tiene nuestro Padre en el cielo. Él nos ve, nos ama y nunca nos olvida. Tú, amigo mío, eres apreciado.

Gracias, Dios, por escuchar mis gritos, incluso cuando eran silenciosos. No puedo imaginar cuánto debes amarme para recoger todas mis lágrimas. Yo también te quiero. Amén

*Haz un dibujo de un frasco. Escribe
dentro del frasco palabras que
representen tu dolor y tus lágrimas.*

DÍA 11

Ira de Dios

Romanos 12:19

No tomen venganza, hermanos míos, sino dejen el castigo en las manos de Dios, porque está escrito: «Mía es la venganza; yo pagaré», dice el Señor.

A menudo he pensado en la venganza. He querido lastimar a la persona que causó tanto dolor en mi vida. Esto ha sido una verdadera lucha para mí, y tal vez lo haya sido para ti. Dios sabe todo acerca de nosotros y sabe cómo queremos vengarnos de las personas que nos lastimaron terriblemente. También sabe que vengarse no nos traerá paz. Nos llama "queridos amigos" cuando nos anima a no vengarnos de los que nos han hecho daño. Su corazón está lleno de compasión por nosotros. Y así, por nuestro propio bien, promete que pagará a los que nos han hecho daño. Nos asegura que está enojado con ellos y que sus actos no quedarán sin castigo. La carga de la justicia no está sobre nuestros hombros.

Querido Dios, te agradezco que me ames y me protejas prometiéndome pagar a los que me han lastimado. Ayúdame a confiar en la paz que me prometes. Amén.

¿Cómo te sientes sabiendo que no te corresponde a ti devolver mal por mal? ¿Luchas con esa verdad?

DÍA 12

El plan de Dios para ti

Jeremías 29:11-13

Porque yo sé muy bien los planes que tengo para ustedes —afirma el Señor—, planes de bienestar y no de calamidad, a fin de darles un futuro y una esperanza. Entonces ustedes me invocarán, y vendrán a suplicarme, y yo los escucharé. Me buscarán y me encontrarán cuando me busquen de todo corazón.

Dios tiene un plan para tu vida, y es bueno. Tu desesperanza en el presente no cambia la promesa de Dios de un plan para que prosperes, para darte esperanza para el futuro. La palabra de Dios dice que sus planes no son para hacerte daño. Ha habido grandes planes para ti desde el principio. Si invocas el nombre del Señor y le oras, él te escuchará. Y si lo buscas de todo corazón, lo encontrarás. Pero no descuides tu parte. Tómate un tiempo para hablar con él ahora.

Querido Dios, sé que eres bueno. Gracias por darme esperanza para el futuro. Gracias por escucharme cuando oro y darte a conocer. Amén.

¿Cuáles son algunos sueños que tienes para el futuro? Usa este espacio para escribir tus sueños.

DÍA 13

Grabado en Su Mano

Isaías 49:16

Grabada te llevo en las palmas de mis manos;
tus muros siempre los tengo presentes.

¿Alguna vez te has sentido invisible, como si nadie pudiera verte? A veces, nuestro dolor es tan grande que necesitamos el apoyo de otras personas, pero nadie parece darse cuenta o preocuparse. La Biblia nos dice que Dios nos ha grabado en la palma de su mano. Él siempre está pensando en nosotros. Nunca hay un momento en el que tú o yo no estemos en la mente de Dios. Sus ojos están siempre sobre nosotros. Somos vistos y amados. Podemos clamar a Dios y él nos escuchará y nos consolará.

Padre, me abruma pensar en estar grabado en la palma de tu mano. Gracias por amarme tanto. Ayúdame a sentir tu amor ya recordar cuánto me amas. Amén.

Haz un dibujo de una mano y escribe tu nombre
en la mano. Escribe sobre lo que significa para ti
estar grabado en la palma de la mano de Dios.

DÍA 14

Ríos en el Desierto

Isaías 43:19

¡Voy a hacer algo nuevo!
Ya está sucediendo, ¿no se dan cuenta?
Estoy abriendo un camino en el desierto,
y ríos en lugares desolados.

A veces podemos sentirnos como si estuviéramos en la selva, perdidos sin esperanza, o muriendo de sed en el desierto. Pero este versículo nos dice que Dios está haciendo algo nuevo. Nuestro Dios es un Dios de milagros. Él hará un camino en el desierto y pondrá ríos en nuestro desierto. Dios nos pregunta: "¿No lo percibes?". ¿Sientes que la esperanza surge en ti? Él está haciendo algo nuevo y grande en tu vida. Está abriendo un camino para ti, trayendo nueva vida y esperanza.

Gracias, Dios. Eres un Dios de milagros. Gracias por darme esperanza y por hacer algo nuevo en mi vida. Quiero dejar atrás las heridas del pasado y encontrar gozo en el futuro. Amén.

Haz un dibujo que represente tu experiencia en la selva o el desierto. Dibuja a Jesús allí contigo, abriendo camino, creando ríos. ¿Qué crees que es lo nuevo que Dios está haciendo en tu vida?

DÍA 15

Ayer, Hoy y Siempre

Hebreos 13:8

Jesucristo es el mismo ayer y hoy y por los siglos.

La gente puede ser aterradora a veces. Hay personas que dicen que nos aman y aun así nos lastiman intencionalmente. Algunos días son amables; algunos son crueles. Esto nos deja sintiéndonos desorientados, confundidos y temerosos de decir o hacer algo para provocarlos. Pero Dios es confiable e inmutable. Él es el mismo ayer, hoy y siempre. Sepa que siempre está de nuestro lado y se puede confiar en todas las cosas. Estamos a salvo y seguros en Jesús.

Jesús, te doy gracias porque eres inmutable y se puede confiar en todas las cosas. Ayúdame a descansar en ti mientras aprendo a confiar más en ti. Amén.

Haz una lista de las cosas que te hacen sentir seguro. Podría incluir personas, lugares, canciones, versículos de la Biblia u otras cosas.

DÍA 16

Dios de la Paz

1 Corintios 14:33

*Porque Dios no es un Dios de desorden,
sino de paz. Como es costumbre en las
congregaciones de los creyentes.*

Cuando alguien nos está lastimando, a menudo nos sentimos confundidos. Incluso después de que el abuso ha terminado, la confusión a menudo permanece. Nos sentimos confundidos acerca de nosotros mismos, nuestra identidad, nuestro valor, nuestro lugar en el mundo. Estamos confundidos acerca de por qué sufrimos, por qué nos pasó. La Biblia nos dice que Dios no es un Dios de confusión, sino un Dios de paz. Es normal tener dudas y saludable hablar con alguien de confianza sobre tu sufrimiento. Al final, Dios te dará paz. Te animo a leer su palabra cada día y dejar que sus verdades te sanen y te traiga la paz.

Padre, te doy gracias porque eres un Dios de paz. Quita la confusión de mi mente. Ayúdame a sentir paz en mi corazón. Ayúdame a verme a mí mismo a través de tus ojos. Amén.

*Dile al Señor lo que te confunde y pídele
que reemplace tu confusión con su paz.*

DÍA 17

El Señor me Recibe

Salmo 27:10

*Aunque mi padre y mi madre me abandonen,
el Señor me recibirá en sus brazos.*

Puede que un padre haya abusado de ti. O quizás un progenitor lo sabía y no te protegió o no te creyó. Talvez hubo rechazo por un padre como resultado del abuso. Si alguna de estas cosas te ha ocurrido, lo siento mucho. Ese no era el plan de Dios para ti. Se supone que los padres deben amar, cuidar y proteger a sus hijos. Dios promete que si tus padres no te cuidaron, no estás solo. El Señor mismo te recibirá. Él te ama con su amor perfecto e infinito.

Padre, la gente me ha defraudado mucho en mi vida. Tú conoces mi dolor. Gracias porque siempre estás ahí para mí y nunca me dejarás. Amén

*¿Cuál es nuestra herencia como hijos de
Dios? ¿Qué nos ofrece Dios ahora?*

DÍA 18

No Más Lágrimas

Apocalipsis 21:4

Él les enjugará toda lágrima de los ojos. Ya no habrá muerte, ni llanto, ni lamento ni dolor, porque las primeras cosas han dejado de existir.

Me encanta leer sobre el cielo. Sabemos que hay dolor y sufrimiento en la tierra, pero Dios promete el cielo a los que confían en Jesús como su Salvador. En el cielo no hay llanto ni dolor. El Señor nos da consuelo aquí en la tierra y algo aún más maravilloso en el cielo. En el cielo, nuestros corazones serán sanados. Nada nos volverá a herir jamás. Tengo tanto gozo cuando pienso en esto.

Querido Dios, gracias por enviar a Jesús a morir por nosotros para que podamos vivir para siempre contigo en el cielo. Gracias porque enjugarás toda lágrima de nuestros ojos. En el nombre de Jesús, Amén

¿Qué esperas del cielo? ¿Tienes seguridad de que irás al cielo? Si no es así, por favor tómate un tiempo para confesar tus pecados a Jesús. Dile que crees que Él murió por ti y resucitó. Dile que confías en Él como tu Salvador.

DÍA 19

Ayuda del Señor

Salmo 121:1-2

A las montañas levanto mis ojos;
¿de dónde ha de venir mi ayuda?
Mi ayuda proviene del Señor,
creador del cielo y de la tierra.

¿Te sientes impotente? ¿Alguna vez sientes que el dolor es demasiado para ti solo? Dios está listo para ayudarte. Mientras escribo, miro el océano que Dios creó delante de mí. Es vasto, feroz y salvaje. Nuestro Dios poderoso creó los océanos y las montañas, cosas que son mucho más estables y duraderas que nuestras preocupaciones. Él es mucho más poderoso que incluso estos. No dudes que él te salvará de todos los problemas. Él puede librarte de cualquier circunstancia.

Gracias, Señor, por ayudarme. Veo tu fuerza en la creación que me rodea. Sé que me ayudarás. Amén.

¿Qué tipo de ayuda necesitas? Díselo al
Señor y confía en que Él lo hará.

DÍA 20

El Amor de Cristo

El amor de Dios por ti es enorme. A veces puede ser difícil recibir amor cuando has sido herido. Incluso podrías sentirte indigno o incapaz de recibir amor. Dios quiere que entiendas cuán amplio, alto y profundo es su amor por ti. Su amor no conoce límites. De sus gloriosas riquezas nos fortalece para que Cristo habite en nuestros corazones. Arraigados en él, veréis cuán grande es su amor por vosotros. Ora para que recibas ese poder mientras Cristo mora en tu corazón.

Gracias, Dios, por la profundidad de tu amor. Ayúdame a recibir a Cristo y comprender cuán grande es tu amor por mí. En el nombre de Jesús, amén.

¿Cómo has sentido el amor de Dios? Haz una lista de las formas en que Dios te ha mostrado Su amor en tu vida.

DÍA 21

No Cometió Ningún Pecado

Deuteronomio 22:25-26

Pero, si un hombre se encuentra en el campo con una joven comprometida para casarse, y la viola, solo morirá el hombre que forzó a la joven a acostarse con él. A ella no le harás nada, pues ella no cometió ningún pecado que merezca la muerte. Este caso es como el de quien ataca y mata a su prójimo.

El Antiguo Testamento contiene muchas reglas y leyes. Incluyo esta ley para recordar algo muy importante. Las personas que abusan de otros nunca son obligadas a hacerlo. La Biblia dice que son como alguien que ataca y asesina a su prójimo. Otras personas pueden juzgarte e incluso puedes culparte a ti mismo, pero todas estas son mentiras y confusión que provienen del enemigo. Tú no eres en absoluto responsable de los crímenes cometidos contra ti. Cuando estos pensamientos vengan a su mente, reconozca que son mentiras y dígase la verdad. No es tu culpa.

Querido Dios, gracias por mostrarme que lo que me pasó no es mi culpa. Ayúdame a reconocer las mentiras cuando las escucho de otros y de mí mismo. Ayúdame a creer en la verdad. En el nombre de Jesús, amén.

¿Todavía llevas la culpa del pecado de otra persona? Ore para que Dios libere esa carga de usted.

DÍA 22

¿Cuánto Tiempo, Señor?

Salmo 6:2-4

Tenme compasión, Señor, porque desfallezco;
sáname, Señor, que un frío de muerte recorre
mis huesos.
Angustiada está mi alma;
¿hasta cuándo, Señor, hasta cuándo?
Vuélvete, Señor, y sálvame la vida;
por tu gran amor, ¡ponme a salvo!

El dolor del abuso sexual dura mucho tiempo. En estos versículos vemos las frases "profunda angustia" y "agonía". El escritor se desmaya y le ruega al Señor: "¿Hasta cuándo?" Es posible que haya experimentado estos sentimientos de dolor interminable y anhelado alivio. Puede parecer que no hay nada que puedas hacer para escapar del dolor residual que te ha dejado la agresión. Puede parecer imposible recuperarse por completo de cualquier mal que se le haya hecho. Pero cuando nos sentimos desfallecer, el salmista escribe palabras de renovación: misericordia, sanar, librar, salvar. El Señor ve tu dolor y te librará. Clama a él por sanidad y él tendrá misericordia de ti y te salvará.

Gracias, Señor, por ver mi dolor. Te suplico que me sanes, me liberes, me salves. Consuélame cuando parezca que mi sufrimiento durará para siempre. Amén.

45

DÍA 23

Refugio

Salmo 91:4

*Pues te cubrirá con sus plumas
y bajo sus alas hallarás refugio.
¡Su verdad será tu escudo y tu baluarte!*

Refugio se define como cobijo o protección contra el peligro o la angustia. Por lo general, pensamos en una fortaleza fuerte o en la muralla de un castillo que mantendrá el mal alejado de nosotros. Sin embargo, este salmo describe el amor de Dios como una madre cariñosa que abriga a sus crías bajo sus alas. Bajo sus alas, tenemos refugio. Él nos cubrirá y nos protegerá. Su fidelidad nos protege del peligro. Su fidelidad será nuestra protección contra el daño.

Padre, gracias por cubrirme con tus alas. Gracias por tu fidelidad, que me prometes que me protegerá. Amén.

*¿Qué evoca la imagen de Dios como madre?
¿Cómo da forma eso a la forma en que
consideras la protección de Dios?*

DÍA 24

El Amor de Dios

Romanos 8:38–39

*Pues estoy convencido de que ni la muerte
ni la vida, ni los ángeles ni los demonios, ni lo
presente ni lo por venir, ni los poderes, ni lo alto
ni lo profundo, ni cosa alguna en toda la creación
podrá apartarnos del amor que Dios nos ha
manifestado en Cristo Jesús nuestro Señor.*

El concepto de amor puede ser confuso. La gente dice que nos quiere y sin embargo nos hacen daño. A veces se alejan. Se sabe que el amor trae alegría y dolor. El amor de Dios es diferente. El amor de Dios es interminable e ilimitado. Es perfecto y nunca falla. El amor de Dios por nosotros es más poderoso de lo que podemos imaginar. Es tan poderoso que nada en toda la creación, incluso el tiempo mismo, puede separarnos del amor de Dios en Cristo Jesús.

Gracias, Dios, por amarme. Saber que nada puede separarme de tu amor me da seguridad en tu presencia. Amén.

*¿Qué es algo que te ha hecho sentir separado
de Dios? ¿Qué sabes ahora de sus promesas?*

DÍA 25

Cabeza Levantada en Alto

Salmo 3:3

Pero tú, SEÑOR, me rodeas cual escudo;
tú eres mi gloria;
¡tú mantienes en alto mi cabeza!

Me encanta este verso. La tristeza, la vergüenza y el dolor pueden hacer que vayamos por la vida abatidos, mirando al suelo. Cuando nuestra confianza se hace añicos, es difícil vernos a nosotros mismos como algo más valioso que nuestro sufrimiento. Tenemos miedo de mirar hacia arriba y encontrarnos con los ojos de las personas como iguales. Con Dios, podemos levantar la cabeza en alto. Él nos dice que no nos avergoncemos ni tengamos miedo. Él es nuestro escudo y nuestro protector. No tenemos nada que temer.

Gracias, Dios, por levantar mi cabeza. Encuentro mi coraje en ti. Gracias por protegerme. Amén.

¿Alguna vez ha perdido su confianza? Piensa en
Dios protegiéndote y levantando tu cabeza.

DÍA 26

Tú Eres Mío

Isaías 43:1

Pero ahora, esto es lo que dice el Señor:
el que te creó, Jacob,
El que te formó, Israel:
"No temas, porque yo te he redimido;
Te he llamado por tu nombre; tú eres mío.

Dios te creó y te formó con intención. ¡Qué grande es que Dios nos llame por nombre! Te enfrentarás a pruebas, pero nunca las enfrentarás solo. Dios está contigo y te ama con un amor eterno. Usted no tiene que tener miedo. Dios te está abrazando fuertemente y nunca te dejará ir. Cuando sientas que las aguas de la vida te ahogarán, aférrate a él.

Padre, gracias porque incluso cuando siento que no puedo aguantar, me estás sosteniendo, manteniéndome a salvo. Gracias por llamarme por mi nombre. Amén.

Imagina a Jesús llamando tu nombre,
sosteniéndote, protegiéndote. ¿Qué temes?
¿Cómo el saber que Jesús te está cargando
te ayuda a enfrentar tus miedos?

DÍA 27

Sin Costo

Isaías 55:1-2

¡Vengan a las aguas
todos los que tengan sed!
¡Vengan a comprar y a comer
los que no tengan dinero!
Vengan, compren vino y leche
sin pago alguno.
¿Por qué gastan dinero en lo que no es pan,
y su salario en lo que no satisface?
Escúchenme bien, y comerán lo que es bueno,
y se deleitarán con manjares deliciosos.

Muchas veces, experimentamos el amor que es condicional. Alguien nos ama solo cuando hacemos las cosas que esperan de nosotros. Tan pronto como no cumplimos con sus deseos, nos dejan de lado. El amor de ellos tiene un costo. El amor que recibimos de Dios es incondicional. Él nunca dejará de amarnos. Cuando no tenemos nada que ofrecer al Señor, él nos lo da gratuitamente. No tenemos que ganarnos el amor de Dios. Él nos da su amor sin costo alguno porque es él quien nos creó. Ven a Dios por amor que nunca fallará.

Padre, gracias por amarme. Ayúdame a ver el tipo de amor que es puro e incondicional. Ayúdame a elegir ese amor cada vez. Amén.

¿Qué tipo de amor te ha fallado antes? ¿Qué
significa para ti el amor incondicional?

DÍA 28

Corazón de Piedra

Ezequiel 36:26

Les daré un nuevo corazón, y les infundiré un espíritu nuevo; les quitaré ese corazón de piedra que ahora tienen, y les pondré un corazón de carne.

El sufrimiento puede hacer que nuestros corazones se enfríen. Dejamos de sentir y cuidar porque nuestros corazones y mentes están sobrecargados. Simplemente no podemos suportar más. Nos cerramos. Cerrarse ante el peligro es un mecanismo de defensa diseñado para nuestra protección. Sin embargo, a veces es difícil bajar nuestras defensas. Nadie quiere vivir con el corazón de piedra, pero parece que no hay salida. Dios dice que nos dará un corazón nuevo y un espíritu nuevo. Toma nuestro corazón de piedra y lo reemplaza con un corazón de carne. Cuando recibimos el amor de Dios, aprendemos a amar ya confiar, independientemente de nuestro pasado. El amor de Jesús hace nuevas todas las cosas.

Gracias, Señor, por permitirme derribar mis defensas y curarme del dolor del pasado. Ayúdame a confiar en tu amor por mí. Amén.

¿Qué partes de tu corazón se sienten como si fueran de piedra? Pídele a Dios que quite tu corazón de piedra y te dé un corazón de carne.

DÍA 29

Tú Estás Limpio

Juan 15:3

*Ustedes ya están limpios por la palabra
que les he comunicado.*

Estás limpio. ¿Alguna vez has sentido la gravedad de esa declaración? Las cosas que la gente nos hace nos hacen sentir sucios y contaminados. Queremos restregarlo directamente de nuestra piel y, sin embargo, la sensación de estar sucio nunca desaparece. No podemos frotar lo suficientemente fuerte. Pero Dios dice que ya estamos limpios por la palabra que nos ha hablado. Cuando te conviertes en un hijo de Dios a través de la fe en Jesús, eres declarado limpio. Estás limpio, y nada de lo que alguien te haga cambiará eso.

Gracias, Padre, que estoy limpio. Ayúdame a recordar estas palabras que me has dicho ya creerlas verdaderamente. En el nombre de Jesús, amén.

*¿Alguna vez has sentido que no hay nada que
puedas hacer para recuperarte? ¿Qué significa para
ti cuando escuchas que Dios dice que estás limpio?*

DÍA 30

Compasión

Isaías 51:3

Sin duda, el Señor consolará a Sión;
consolará todas sus ruinas.
Convertirá en un Edén su desierto;
en huerto del Señor sus tierras secas.
En ella encontrarán alegría y regocijo,
acción de gracias y música de salmos.

Jesús mira con compasión las ruinas de nuestra vida. Él hará que nuestros desiertos sean como el Jardín del Edén, nuestros páramos como el paraíso. Él restaurará lo que ha sido despojado. Tenga en cuenta las imágenes de crecimiento y vida. Cuando crees que no te queda nada en ti mismo para sustentar la vida, Dios cultiva hermosos jardines. En esa hermosa restauración, cantarás y te alegrarás. Dios nos dará corazones llenos de acción de gracias y regocijo. Su amor nos baña, nos limpia, nos restaura, nos da esperanza para el futuro.

Padre, ayúdame a verme a través de tus ojos. Gracias por su consuelo y compasión. Gracias por hacerme cantar. Amén.

Escribe cartas de acción de gracias y alabanza
a Dios por todo lo que ha hecho en tu vida.

DÍA 31

Sin Deshonra

El Señor promete que cuando buscamos a Dios, lo encontraremos. Cuando lo buscamos y confiamos en él, nos libra de todos nuestros temores. En la montaña del Sinaí, Moisés habló con el Señor y volvió al pueblo de Israel con el rostro radiante como el sol. Este salmo habla de nuestros propios rostros cuando miramos a Dios. Somos como Moisés bajando del Monte Sinaí. Cuando miramos a Dios, nuestros rostros brillan con su presencia. Estamos libres de vergüenza.

Gracias, Señor, por borrar mi vergüenza y responder a mi llamado. Ayúdame a mantener mis ojos en ti.

Enfoca tu corazón y tu mente en el Señor. Imagina
que tu rostro está radiante, como dice la palabra
de Dios. ¿Cómo te afectaría esa confianza?

DÍA 32

Sin Culpa

Efesios 1:3-5

*Alabado sea Dios, Padre de nuestro Señor Jesucristo,
que nos ha bendecido en las regiones celestiales
con toda bendición espiritual en Cristo. Dios nos
escogió en él antes de la creación del mundo,
para que seamos santos y sin mancha delante de
Él. En amor nos predestinó para ser adoptados
como hijos suyos por medio de Jesucristo,
según el buen propósito de su voluntad.*

La Biblia nos dice que Dios nos escogió antes del principio del mundo para ser santos e irreprensibles delante de él. No solo fuimos escogidos para la salvación; ¡Fuimos escogidos como hijos de Cristo! A través de su sacrificio de amor, Jesús murió en la cruz para recibir el castigo por nuestro pecado para que podamos vivir eternamente como sus hijos. Cuando confiamos en Jesús como nuestro Salvador, todo pecado es borrado. Dios nos perdona por completo. Él no ve nuestro pecado; solo la sangre de Cristo haciéndonos limpios. No solo somos bendecidos ahora; somos bendecidos en los lugares celestiales con toda bendición espiritual en Cristo. Somos sus hijos e hijas, elegidos desde el principio de los tiempos para ser amados por Dios.

Gracias, Señor, por elegirme. Gracias por la promesa de una eternidad de bendiciones. En el nombre de Jesús, amén.

¿Cómo te sientes sabiendo que Dios te eligió antes de crear el mundo? ¿Qué significa ser adoptado como hijo de Dios?

DÍA 33

*La paz les dejo; mi paz les doy. Yo no se
la doy a ustedes como la da el mundo.
No se angustien ni se acobarden.*

Nuestro corazón puede estar bastante perturbado, lo que hace difícil comer, dormir y concentrarse. Reproducimos una y otra vez en nuestra mente situaciones dolorosas. No podemos encontrar descanso. Pero Dios nos da paz. La paz de Dios es real y duradera. Viene de su corazón al nuestro, permitiéndonos descansar en medio de las tormentas de la vida. Él nos dice que no dejemos que nuestro corazón se turbe. No debemos temer. Él está con nosotros y nos cuida.

Padre, gracias por darme paz. Ayúdame a no tener miedo. En el nombre de Jesús, Amén.

¿Qué significa la paz para ti? ¿Qué te roba la paz?

DÍA 34

Reconstruida

Jeremías 31:3-5

Hace mucho tiempo se me apareció el Señor y me dijo:

Con amor eterno te he amado;
por eso te sigo con fidelidad,
oh virginal Israel.
Te edificaré de nuevo;
¡sí, serás reedificada!
De nuevo tomarás panderetas
y saldrás a bailar con alegría.
Volverás a plantar viñedos
en las colinas de Samaria,
y quienes los planten
gozarán de sus frutos.

El abuso nos derriba. Dios reconstruye. Este pasaje describe a Dios reconstruyendo el gozo y la esperanza en nuestras vidas a través de su amor eterno. Por su amor y bondad, bailaremos y cantaremos con alegría. Tendremos vidas fructíferas y significativas a medida que recibamos su amor. Lo que fue tomado será restituido. Tendremos gozo, propósito y alabanza.

Gracias, Dios, por edificarme, por restaurar la esperanza y la paz en mi vida. Amén.

¿Qué es algo que quieres que Dios
reconstruya en tu vida?

DÍA 35

Sanada

Mateo 9:20-22

En esto, una mujer que hacía doce años que padecía de hemorragias se le acercó por detrás y le tocó el borde del manto. Pensaba: "Si al menos logro tocar su manto, quedaré sana". Jesús se dio vuelta, la vio y le dijo:

— ¡Ánimo, hija! Tu fe te ha sanado.

Y la mujer quedó sana en aquel momento

Esta historia habla de una mujer que llevaba doce años enferma. Ella creía que, si podía tocar el borde de la ropa de Jesús, quedaría curada. Jesús conoció su corazón y la sanó. Ella ni siquiera lo había tocado, pero Él la sanó por su fe.

Nosotros también tenemos heridas que Jesús puede sanar. Confía en Él para que sane tu corazón hoy.

Padre, gracias por edificar mi fe con Tu Palabra, la Biblia. Sáname de las heridas de mi pasado. Confío en ti. Amén.

¿Cómo crees que se sintió la mujer de esta historia cuando fue sanada? ¿Te ha sanado el Señor de las heridas del pasado? Dale las gracias por lo que ha hecho por ti y pídele que sane las heridas que te quedan.

DÍA 36

Puerta de Esperanza

Oseas 2:14-15

Por eso ahora voy a seducirla; La llevaré al desierto y háblale con ternura. Allí le devolveré sus viñedos, y haré del valle de Acor una puerta de esperanza. Allí responderá como en los días de su juventud, como el día que subió de Egipto

---

Cuando nos sentimos perdidos, Jesús nos habla con ternura en el desierto de nuestras vidas. Es fácil sentirse atrapado en ese desierto sin fin, donde parece no haber nada bueno. No vemos salida. Inesperadamente, Dios nos muestra una puerta de esperanza. Hay un espacio para nosotros al otro lado del dolor. En el desierto, Dios nos bendice con viñas para que confiemos en él. Él proveerá.

Oh Dios, te agradezco por darme esperanza, por restaurar mi confianza en ti. Te canto alabanzas.

Al pensar en su futuro, ¿qué le da alegría?

DÍA 37

Confianza

Hebreos 13:6

Así que podemos decir con toda confianza:

«El Señor es quien me ayuda; no temeré.
¿Qué me puede hacer un simple mortal?»

Cuando la gente nos lastima, nos usa y nos engaña, nos despoja de nuestra confianza. Nos cierra la boca. Vivimos con miedo de lo que nos pasará y de lo que la gente dirá de nosotros. Dios cambia todo eso. Él es nuestro ayudador en nuestros tiempos de angustia. Podemos hablar con confianza, sabiendo que Dios está de nuestro lado. No hay nada que ninguna persona pueda hacernos para separarnos del amor de Dios. No hay nada demasiado poderoso para él. Ya no tenemos que dejarnos intimidar por aquellos que quieren controlarnos. El Señor es nuestro protector y ayudador.

Gracias, Dios, por protegerme. Ayúdame a recordar que ya no necesito temer a la gente porque tú eres mi ayudante.

¿A quién has temido en el pasado? ¿Cómo
saber que Dios te está ayudando te da
confianza y alivia tus miedos?

DÍA 38

Una Nueva Creación

---

2 Corintios 5:17

Por lo tanto, si alguno está en Cristo, es una nueva creación. ¡Lo viejo ha pasado, ha llegado ya lo nuevo!

Hay muchas cosas que queremos olvidar porque son demasiado dolorosas para recordarlas. Muchas veces, podemos quedar atrapados en una mentalidad poco saludable de que nuestras vidas giran en torno a nuestro trauma. Nos impide ser capaces de crecer a través de nuestras dificultades. Pero Dios nos da una hermosa promesa en este versículo. Él nos dice que una vez que confiamos en Jesús, el viejo yo desaparece. Él nos hace una nueva creación, entera y completa en él. Ya no tenemos que vivir en nuestro sufrimiento ni preocuparnos por el pasado. Somos nuevos y completos en Cristo.

Gracias, Dios, por hacerme una nueva creación en Jesús. ¡Es reconfortante saber que lo viejo se ha ido y lo nuevo está aquí! Amén.

¿Qué significa para ti ser una nueva creación?
¿Has confiado en Jesús como tu Salvador? ¿Cómo
vas a vivir como una nueva creación en Jesús?

DÍA 39

Librados

Salmo 34:7

*El ángel del Señor acampa en torno a los que le
temen;
a su lado está para librarlos.*

En repetidas ocasiones, Dios nos dice que no tenemos que
tener miedo. A lo largo de la Biblia, demuestra que está con
su pueblo en todo peligro. Protegió a los israelitas mientras
vagaban por el desierto, pelearon con las naciones vecinas
e incluso se encontraron en cautiverio porque rechazaron
a Dios. También protege al individuo: Elija, Daniel, Rut,
Ester, por nombrar algunos. Dios nos rodea, librándonos de
todo mal. Podemos estar seguros de su amor. Él nunca nos
abandonará.

Gracias, Dios, por rodearme de tu amor y protección. Gracias
por ayudarme cuando necesito tu ayuda. En el nombre de
Jesús, amén.

*Haz un dibujo de ti mismo rodeado del amor
y la protección de Dios. Escribe una oración de
acción de gracias a Dios por haberte liberado*

DÍA 40

Paz de Dios

Filipenses 4:6-7

No se inquieten por nada; más bien, en toda ocasión, con oración y ruego, presenten sus peticiones a Dios y denle gracias. Y la paz de Dios, que sobrepasa todo entendimiento, cuidará sus corazones y sus pensamientos en Cristo Jesús.

Todos queremos la paz, pero parece imposible de alcanzar. Las noticias están llenas de guerras en la política y guerras entre naciones. Lograr la paz parece imposible. Incluso guerreamos dentro de nosotros mismos, preocupándonos sin cesar por cosas que están fuera de nuestro control. Dios nos dice cómo lograr la paz. Debemos entregarle nuestras preocupaciones a Él. En cada situación, debemos pedirle a Dios que nos ayude. Él promete que esto nos traerá la paz de Dios. La paz de Dios es diferente de la paz de este mundo porque es duradera. Esta paz trasciende el entendimiento. Es sobrenatural. Su paz guardará nuestros corazones y nuestras mentes.

Dios, cuánto anhelo tu paz. Ayúdame a traerte todo en oración, confiando en ti. Gracias por escuchar mis gritos y responderme. En el nombre de Jesús, amén.

Dile a Dios las cosas que te preocupan.
Pídele que te dé su paz.